N° 260

SÉNAT

SESSION 1883

Annexe au Procès-Verbal de la Séance du 23 Juin 1883.

PROJET DE LOI

ADOPTÉ PAR LA CHAMBRE DES DÉPUTÉS

Relatif à la réorganisation des troupes de l'artillerie de l'armée active en vue de la **formation d'une artillerie de forteresse,**

PRÉSENTÉ, AU NOM DE

M. JULES GRÉVY

Président de la République française,

Par M. le général THIBAUDIN

Ministre de la Guerre,

(*Urgence déclarée.*)

EXPOSÉ DES MOTIFS

Le Gouvernement a présenté à la Chambre des Députés un projet de loi portant réorganisation des troupes de l'artillerie de l'armée active en vue de la formation d'une artillerie de forteresse.

La Chambre des Députés a adopté ce projet sans modifications dans sa séance du 21 juin, et nous avons

(Voir les nos 1898-1981, — 3e législ. — de la Chambre des Députés.)

l'honneur, aujourd'hui, de le soumettre aux délibérations du Sénat.

Le Gouvernement n'a rien à ajouter à l'exposé des motifs qui accompagnait le projet de loi déposé sur le bureau de la Chambre des Députés.

Le Président de la République française,

DÉCRÈTE :

Le projet de loi dont la teneur suit, déjà adopté par la Chambre des Députés, sera présenté au Sénat par le Ministre de la Guerre, chargé d'en exposer les motifs et d'en soutenir la discussion.

PROJET DE LOI

ARTICLE PREMIER.

L'article 5 de la loi du 13 mars 1875, relative à la constitution des cadres et des effectifs de l'armée active et de l'armée territoriale, est abrogé.

ART. 2.

L'artillerie comprend en France :

1° 16 bataillons à pied, à 6 batteries chacun ;

2° 38 régiments de campagne constituant 19 brigades à 2 régiments, à raison de 1 brigade par corps d'armée ;

Le premier régiment de chaque brigade est à 12 batteries montées ;

Le deuxième régiment est à 8 batteries montées et 3 batteries à cheval ;

3° 2 régiments d'artillerie-pontonniers à 14 compagnies chacun ;

4° 10 compagnies d'ouvriers d'artillerie chargées de la construction de la partie du matériel de l'artillerie, du génie et du train des équipages militaires dont la confection ne serait pas confiée à l'industrie civile ;

5° 3 compagnies d'artificiers.

Art. 3.

Sont supprimées :

1° Les 45 batteries à pied existant actuellement dans les régiments d'artillerie en France ;

2° Les 57 compagnies du train d'artillerie, qui sont rattachées actuellement aux 19 brigades d'artillerie.

Art. 4.

Le personnel des batteries ou compagnies supprimées sera employé à la présente réorganisation et versé, soit dans l'artillerie à pied, soit dans l'artillerie de campagne.

Les officiers du train d'artillerie passeront avec leur grade dans l'artillerie, où ils prendront rang d'après leur ancienneté dans ce grade.

Art. 5.

La composition des cadres des divers éléments de l'artillerie en France et leur effectif en simples soldats, sur le pied de paix, sont déterminés par les tableaux annexés à la présente loi.

Art. 6.

Des règlements ministériels pourvoiront à la complète exécution des dispositions contenues dans la présente loi.

Art. 7.

En attendant la constitution d'une artillerie spéciale à l'armée d'Afrique, le service permanent dans la colonie sera assuré par les 12 batteries qui y sont actuellement détachées, et qui continueront provisoirement à être administrées par les régiments dans lesquels elles comptaient précédemment.

ART. 8.

Sont abrogées toutes les dispositions des lois, ordonnances, décrets et règlements particuliers en ce qu'elles ont de contraire à la présente loi.

Fait à Paris, le vingt-trois juin mil huit cent quatre-vingt-trois.

Le Président de la République française,
Signé : JULES GRÉVY.

Par le Président de la République :

Le Ministre de la Guerre,
Signé : THIBAUDIN.

TABLEAUX ANNEXES

N° 1. — Composition d'un bataillon d'artillerie à pied.
N° 2. — Composition d'un régiment d'artillerie de campagne.
N° 3. — Composition d'un régiment d'artillerie pontonniers.
N° 4. — Composition d'une compagnie d'ouvriers d'artillerie.
N° 5. — Composition d'une compagnie d'artificiers.
N° 6. — Cadre de l'état-major particulier de l'artillerie.

Tableau n° 1

Composition d'un bataillon d'artillerie à pied à 6 batteries.

(Sur le pied de paix.)

ETAT-MAJOR DU BATAILLON

OFFICIERS	Hommes.		Chevaux.
Chef-d'escadron commandant	1	1	2
Capitaine-major	1	4	1
Lieutenant trésorier	1		1
Officier d'habillement (lieutenant ou sous-lieutenant)	1		1
Médecin-major de 2e classe	1		1
Totaux		5	6

TROUPE	Hommes.	Chevaux.
Brigadier trompette	1	»
Chef armurier de 2e classe	1	»
Maréchaux des logis — Vaguemestre	1	»
Maréchaux des logis — Garde-magasin	1	»
Maréchaux des logis — 1er secrétaire du trésorier	1	»
Fourrier	1	»
Brigadiers — 2e secrétaire du trésorier	1	»
Brigadiers — 1er ouvrier cordonnier	1	»
Brigadiers — 1er ouvrier tailleur	1	»
Brigadiers — Armurier	1	»
Brigadiers — Maître d'escrime	1	»
Canonniers — Secrétaire du commandant	1	»
Canonniers — Ouvrier armurier	1	»
Canonniers — Ouvrier tailleur	1	»
Canonniers — Ouvrier cordonnier	1	»
Canonniers — Secrétaire de l'officier d'habillement	1	»
Total	16	»

BATTERIES

Une batterie.	Hommes.	Chevaux.
Capitaine commandant	1	1
Capitaine en second	1	1
Lieutenant en premier.	1	1
Lieutenant en second ou sous-lieutenant.	1	1
Totaux.	4	4
Adjudant	1	»
Maréchal des logis chef. . . .	1	»
Maréchaux des logis (dont 1 sous-chef artificier.	7	»
Maréchal des logis fourrier. .	1	»
Brigadiers (dont un élève fourrier)	8	»
Artificiers	5	»
Ouvriers en fer et en bois. . .	4	»
Trompettes	2	»
Total des hommes des cadres.	29	»
Effectif total des cadres d'une batterie	33	»
Canonniers (dont 1/3 de première classe)	100	»
Effectif total de la batterie . .	133	»
Enfant de troupe.	1	»

Six batteries.	Hommes.	Chevaux.
Capitaines commandants. . .	6	6
Capitaines en second	6	6
Lieutenants en premier . . .	6	6
Lieutenants en second ou sous-lieutenants	6	6
Totaux.	24	24
Adjudants	6	»
Maréchaux des logis chefs. .	6	»
Maréchaux des logis	42	»
Maréchaux des logis fourriers	6	»
Brigadiers	48	»
Artificiers.	30	»
Ouvriers en fer et en bois . .	24	»
Trompettes.	12	»
Total des hommes des cadres	174	»
Effectif total des cadres des six batteries	198	»
Canonniers (dont 1/3 de première classe).	600	»
Effectif total des six batteries	798	»
Enfants de troupe.	6	»

Chaque batterie compte dans le rang un canonnier ouvrier tailleur et un canonnier ouvrier cordonnier.

RÉSUMÉ	Hommes.	Chevaux.
Officiers supérieurs.	1	2
Officiers des autres grades	28	28
Sous-officiers, brigadiers et hommes des cadres	190	»
Canonniers	600	»
Totaux.	819	30
Enfants de troupe.	6	»

TABLEAU N° 2

Composition d'un régiment d'artillerie de campagne.

(Sur le pied de paix.)

Le 1er régiment de la brigade comprend 12 batteries montées, le 2e régiment de la brigade comprend 8 batteries montées et 3 batteries à cheval.

ÉTAT-MAJOR

		Hommes.		Chevaux.	
OFFICIERS					
Colonel		1	8	3	
Lieutenant-colonel		1		2	
Chefs d'escadrons		4		8	
Major		1		2	
Médecin major de 1re classe		1		2	
Capitaines de 1re ou 2e classe	instructeur d'équitation	1	8	2	
	adjudants majors (1)	»		»	
	trésorier	1		1	
Officier d'habillement		1		1	
Lieutenant ou sous-lieutenant adjoint au trésorier		1		1	
Médecin aide-major		1		1	
Vétérinaires	en 1er	1		1	
	en 2e	1		1	
	aide	1		1	
TOTAUX			16	26	
TROUPE					
Petit état-major.	Adjudants (dont un chargé du casernement)	3	7	3	6
	Chef artificier	1		1	
	Maréchal des logis chef mécanicien et garde du parc	1		»	
	Maréchal des logis trompette	1		1	
	Brigadier trompette	1		1	
A reporter			7		6

(1) Ces emplois, au nombre de 2, sont remplis en temps de paix par des capitaines en second de batterie.

			Hommes.		Chevaux.
		Report.		7	6
Peloton hors rang.		Adjudant chargé de l'armement et du harnachement	1	4	1
		Chef armurier	1		
		Maréchal des logis chef	1		
		Maître d'escrime (adjudant ou maréchal des logis	1		
	Maréchaux des logis.	vaguemestre	1	8	»
		chargé de la bibliothèque, du matériel des écoles	1		
		chargé de l'infirmerie des hommes	1		
		chargé de l'infirmerie des chevaux	1		
		chargé de la remonte	1		
		premier secrétaire du trésorier	1		
		garde-magasin et premier secrétaire de l'officier d'habillement	1		
		maître sellier	1		
	Fourrier			1	»
	Brigadiers.	secrétaire de l'adjudant chargé de l'armement	1	7	»
		moniteur d'escrime	1		
		premier ouvrier armurier	1		
		premier ouvrier tailleur	1		
		premier ouvrier cordonnier	1		
		premier ouvrier sellier	1		
		deuxième secrétaire du trésorier	1		
	Canonniers.	pour l'infirmerie des chevaux	1	11	»
		ouvriers — armuriers	2		
		ouvriers — tailleurs	2		
		ouvriers — cordonniers	2		
		secrétaires — du colonel	1		
		secrétaires — du major	1		
		deuxième secrétaire de l'officier d'habillement	1		
		troisième secrétaire du trésorier	1		
		Totaux		38	7
Enfant de troupe				1	»

BATTERIES	Montées.	A cheval.
Capitaine commandant	1	1
Capitaine en second	1	1
Lieutenant en 1er	1	1
Lieutenant en 2e ou sous-lieutenant	1	1
Totaux	4	4
Adjudant	1	1
Maréchal des logis chef	1	1
Maréchaux des logis (dont 1 sous-chef artificier)	7	7
Maréchal des logis fourrier	1	1
Brigadier fourrier	1	1
Brigadiers	7	7
Artificiers	5	5
Ouvriers en fer et en bois	4	4
Brigadier maître maréchal ferrant (1)	1	1
Aide-maréchal ferrant	1	1
Bourreliers	2	2
Trompettes	2	2
Total des hommes des cadres	33	33
Effectif total des cadres de la batterie	37	37
Canonniers (dont 1/3 de 1re classe)	70	72
Effectif total de la batterie	107	109
Chaque batterie compte dans le rang 1 canonnier ouvrier tailleur et 1 canonnier ouvrier bottier.		
Enfant de troupe	1	1

(1) Dans chaque régiment, l'un des maîtres maréchaux de batterie est premier maître maréchal des logis.

		Montées.	A cheval.
Chevaux	d'officier	6	6
	de selle	22	52
	de trait	32	28
	Total des chevaux	60	86

RÉSUMÉ

1er Régiment de la brigade.

	Hommes.	Chevaux.
Officiers supérieurs	8	98
Officiers des autres grades	56	
Sous-officiers, brigadiers et hommes des cadres	434	271 selle.
Canonniers	840	384 trait.
Totaux	1.338	753
Enfants de troupe	13	»

2e Régiment de la brigade.

	Hommes.	Chevaux.
Officiers supérieurs	8	92
Officiers des autres grades	52	
Sous-officiers, brigadiers et hommes des cadres	401	249 selle.
Canonniers	776	90 selle. 340 trait.
Totaux	1.237	771
Enfants de troupe	12	»

Les effectifs des batteries détachées hors de France sont les suivants :

	OFFICIERS	SOUS-OFFICIERS brigadiers et hommes des cadres	SOLDATS	TOTAL	ANIMAUX		
					CHEVAUX d'officiers.	CHEVAUX de selle des cadres.	CHEVAUX de trait ou mulets.
Batterie à pied. . . .	4	32	120	156	6	»	»
Batterie montée. . . .	4	38	115	157	6	26	100
Batterie de montagne.	4	38	200	242	8	19	140

La musique des écoles d'artillerie se compose de 1 chef de musique, 1 sous-chef de musique, 38 soldats-musiciens.

TABLEAU N° 3.

Composition d'un régiment d'artillerie-pontonniers à 14 Compagnies. (*Sur le pied de paix.*)

	OFFICIERS	Hommes.		Chevaux.
État-major.	Colonel	1	7	3
	Lieutenant-colonel	1		2
	Chefs d'escadrons	3		6
	Major.	1		2
	Médecin-major de 1re classe	1		2
	Capitaines adjudants majors (1)	»	5	»
	Capitaines trésorier	1		1
	Officier d'habillement.	1		1
	Médecin aide-major.	1		1
	Lieutenant ou sous-lieutenant adjoint au trésorier.	1		1
	Vétérinaire	1		1
	TOTAUX.	12		20

(1) Ces emplois, au nombre de deux, sont remplis en temps de paix par des capitaines en second.

TROUPE.			Hommes.		Chevaux.
Petit état-major.		Adjudants	3	8	»
	Maréchaux des logis chefs	maître charpentier	1		»
		maître forgeron	1		»
		maître cordier	1		»
		Maréchal des logis trompette	1		»
		Brigadier trompette	1		»
Section hors rang.		Adjudant chargé de l'armement	1	4	»
		Chef armurier	1		»
		Maréchal des logis chef	1		»
		Maître d'escrime (adjudant ou maréchal des logis)	1		»
	Maréchaux des logis	vaguemestre	1	7	»
		gardes du matériel	2		»
		premier secrétaire du trésorier	1		»
		garde-magasin et premier secrétaire de l'officier d'habillement	1		»
		chargé de l'infirmerie des hommes	1		»
		chargé de l'infirmerie des chevaux	1		»
		Fourrier		1	»
	Brigadiers	secrétaire de l'adjudant chargé de l'armement	1	7	»
		moniteur d'escrime	1		»
		armurier	1		»
		premier ouvrier tailleur	1		»
		premier ouvrier cordonnier	1		»
		deuxième secrétaire du trésorier	1		»
		maître maréchal ferrant	1		»
	Pontonniers	ouvriers armuriers	2	12	»
		ouvriers tailleurs	2		»
		ouvriers cordonniers	2		»
		secrétaire du colonel	1		»
		secrétaire du major	1		»
		deuxième secrétaire de l'officier d'habillement	1		»
		troisième secrétaire du trésorier	1		»
		aides-maréchaux ferrants	2		»
		TOTAL		39	»

COMPAGNIES		UNE COMPAGNIE			QUATORZE COMPAGNIES	
		Hommes.	Chevaux.		Hommes.	Chevaux.
OFFICIERS						
Capitaine commandant		1	2		14	28
Capitaine en second		1	2		14	28
Lieutenant en premier		1	1		14	14
Lieutenant en second ou sous-lieutenant		1	1		14	14
Total des officiers		4	6		56	84
TROUPE						
Adjudants		1	»		14	»
Maréchaux des logis chefs		1	»		14	»
Maréchaux des logis — bateliers	3		»	42		»
Maréchaux des logis — ouvriers en fer	1		»	14		»
Maréchaux des logis — ouvriers en bois	2	7	»	28	98	»
Maréchaux des logis — sous-chefs constructeurs	1		»	14		»
Fourriers		1	»		14	»
Brigadiers — bateliers	3		»	42		»
Brigadiers — ouvriers en fer	1	6	»	14	84	»
Brigadiers — ouvriers en bois	2		»	28		»
Maîtres — bateliers	4		»	56		»
Maîtres — ouvriers en fer	2	10	»	28	140	»
Maîtres — ouvriers en bois	4		»	56		»
Ouvriers tailleurs et cordonniers		2	»		28	»
Trompettes		2	»		28	»
Total des hommes des cadres		30	»		420	»
Effectif total des cadres		34	6		476	84
Pontonniers, dont un tiers de 1re classe		70	»		980	»
EFFECTIF TOTAL		104	6		1.456	84
Enfants de troupe		1	»		14	»

RÉSUMÉ

	Hommes.	Chevaux.
Officiers supérieurs	7	15
Officiers des autres grades	61	89
Sous-officiers, brigadiers et hommes des cadres	459	»
Pontonniers	980	»
Effectif total du régiment	1.507	104
Enfants de troupe	14	»

Tableau N° 4

Composition d'une compagnie d'ouvriers d'artillerie.

	Hommes.
OFFICIERS	
Capitaine commandant	1
Capitaine en second	1
Lieutenant en premier	1
Lieutenant en second ou sous-lieutenant	1
Total des officiers	4
TROUPE	
Maréchal des logis chef	1
Maréchaux des logis	8
Maréchal des logis fourrier	1
Brigadier fourrier	1
Brigadiers	8
Maîtres ouvriers	12
Trompettes (1)	2
Total des hommes des cadres	33
Effectif total des cadres de la compagnie	37
Soldats (dont 1/10ᵉ de 1ʳᵉ classe, 1/5ᵉ de 2ᵉ, le reste de 3ᵉ)	150
Effectif total de la compagnie	187
Enfant de troupe	1

Les officiers détachés en Algérie sont seuls montés.

L'effectif en simples soldats peut être élevé de 150 à 300 hommes. Dans ce cas, pour chaque augmentation de 20 hommes, il peut être nommé : 1 maréchal des logis, 1 brigadier et 2 maîtres ouvriers. Il peut, en outre, être nommé dans chaque compagnie un deuxième lieutenant de 2ᵉ classe ou sous-lieutenant.

(1) Les trompettes sont en même temps l'un ouvrier tailleur et l'autre ouvrier cordonnier.

Tableau n° 5.

Composition d'une compagnie d'artificiers.

(Sur le pied de paix.)

	Hommes.
OFFICIERS	
Capitaine commandant	1
Capitaine en second	1
Lieutenant en premier	1
Lieutenant en second ou sous-lieutenant	1
Total des officiers	4
TROUPE	
Maréchal des logis chef	1
Maréchaux des logis	6
Fourrier	1
Brigadiers	6
Maîtres artificiers	12
Trompettes (1)	2
Total des hommes des cadres	28
Effectif total des cadres de la compagnie	32
Soldats (dont un tiers de 1re classe)	73
Effectif total de la compagnie	105
Enfant de troupe	1

(1) Les trompettes sont en même temps l'un ouvrier tailleur et l'autre ouvrier cordonnier.

Tableau n° 6.

Cadre de l'état-major particulier de l'artillerie.

			Hommes.	
1° Colonels			37	284
Lieutenants-colonels			37	
Chefs d'escadron			98	
Capitaines de 1re et de 2e classe			112	
2° Gardes	principaux	de 1re classe	17	540
		de 2e classe	94	
	de 1re classe		94	
	de 2e classe		145	
	de 3e classe		190	
3° Contrôleurs d'armes	principaux	de 1re classe	4	160
		de 2e classe	16	
	de 1re classe		20	
	de 2e classe		40	
	de 3e classe		80	
4° Ouvriers d'état	de 1re classe		105	210
	de 2e classe		105	
5° Gardiens de batterie	de 1re classe		130	260
	de 2e classe		130	

Sont également classés dans l'état-major particulier de l'artillerie les sous-lieutenants élèves à l'école d'application, dont le nombre varie suivant les besoins du recrutement de l'arme.

Le nombre des chevaux à attribuer en temps de paix aux officiers supérieurs de l'état-major particulier de l'artillerie est le même que celui attribué par le tableau n° 2 de la présente série aux officiers supérieurs du même grade dans les troupes de l'arme.

Un règlement du Ministre de la Guerre déterminera, en raison du service dont ils sont chargés, le nombre des chevaux à attribuer aux capitaines.

4283

PARIS. — IMPRIMERIE DU SÉNAT, PALAIS DU LUXEMBOURG. — P. MOUILLOT.

www.ingramcontent.com/pod-product-compliance
Lightning Source LLC
LaVergne TN
LVHW020513230826
846091LV00008BA/3476

* 9 7 8 2 0 1 3 6 8 4 7 3 6 *